TOD
EL APRETADO

Escrito por Daphne Skinner
Ilustrado por J
Adaptación al español por

D1158583

Kane Press, Inc.
New York

Book Design/Art Direction: Roberta Pressel

Library of Congress Cataloging-in-Publication Data

Skinner, Daphne.
      Tightwad Tod / by Daphne Skinner ; illustrated by John Nez.
        p.   cm. — (Math matters.)
      Summary: Challenged to spend twenty dollars in one day, a boy who loves money not only learns about bargain hunting and keeping track of his remaining balance, he also learns that spending can be fun.
      ISBN 10: 1-57565-155-6 (pbk. : alk. paper)
      ISBN 13: 978-157565-155-2
      [1. Subtraction—Fiction. 2. Money—Fiction.]
    I. Nez, John A., ill. II. Title. III. Series.
    PZ7+
    [Fic]—dc21

2001000852

10 9 8 7 6 5 4 3

First published in the United States of America in 2001 by Kane Press, Inc.
Printed in Hong Kong.

A Tod le gustaba el dinero. Le gustaba recibir su asignación semanal. Una vez, se encontró un cinco en la calle, y esto lo puso feliz todo el día.

Tod nunca gastaba su dinero. Cuando
recibía dinero, lo guardaba. Tenía cuatro
alcancías, un frasco de centavos, una
billetera y una caja fuerte. Todos estaban
llenos.

Un sábado lluvioso, Tod estaba contando
sus centavos cuando sonó el teléfono.

—¡Tod, es Jake! —llamó su hermano,
Ernest—. Va a ir al cine. ¿Quieres ir con él?

—No, gracias —contestó Tod—. Estoy
ocupado.

El domingo, Tod estaba poniendo las monedas de 25 centavos en envolturas de papel, cuando sonó el teléfono.

—¡Tod, es Jake! —llamó su hermano, Ernest—. Va al parque a jugar a la pelota. ¿Quieres ir?

—Dile que no, gracias —contestó Tod—. Estoy ocupado.

El lunes Tod estaba doblando billetes de un dólar en su billetera cuando sonó el teléfono.

—¡Tod! Jake va a ir en bicicleta al centro comercial. ¿Quieres ir con él? —preguntó Ernest.

—No, gracias —contestó Tod—. Estoy ocupado.

—Tod —dijo Ernest—. Empiezo a
preocuparme por ti. Lo único que
haces es contar tu dinero.

Tod encogió los hombres. Le gustaba
contar su dinero.

Ernest sacó un billete de 20 dólares
de su bolsillo. —¿Piensas que puedas
gastar uno de estos? —preguntó.

—¿Un billete de veinte? Quizás
—dijo Tod.

—Apuesto a que no podrías —dijo Ernest—. Eres demasiado apretado.

—Apuesto a que sí podría —dijo Tod. No le gustaba ser llamado un apretado.

—Entonces, aquí está el billete de veinte —dijo Ernest—. Pero si no lo gastas todo, me lo tienes que devolver, más cinco dólares. ¿Trato?

—Trato hecho —dijo Tod.

Y luego le llamó a Jake.

Camino al centro comercial, Tod le contó a Jake acerca de la apuesta.

—¡Qué fácil! —dijo Jake. A él le gustaba gastar dinero.

Fueron a la tienda de mascotas para que Jake pudiera comprar comida para sus peces.

—Puedes comprar algo para Waldo aquí —dijo Jake. Waldo era el perro de Tod.

Tod tiene

—¿Qué tal este hueso de nilón? —preguntó Jake.

—No sé —dijo Tod—. Tres dólares es mucho dinero. Y ni siquiera son huesos verdaderos. Volteaba el billete de veinte dólares una y otra vez en sus manos.

—Son de nilón verdadero —dijo Jake.

—Bien, pues —dijo Tod.

Tod paga con

Su cambio es

11

En seguida fueron a la librería. Jake encontró una copia de la revista *Bicicletas de montaña*. Costaba $3.50.

—Es muy cara —dijoTod.

—Pero tiene un artículo sobre andar en bicicleta por las Montañas Rocosas —dijo Jake—. Voy a ir de campamento ahí este verano. La tengo que comprar.

Tod tiene

Tod vió una revista llamada *El mundo de las monedas*. Contenía artículos sobre alcancías raras, monedas antiguas, y el centavo más valioso jamás encontrado. Costaba $3.00. Cuando Tod vió el precio, puso *El mundo de las monedas* en el estante. Luego la volvió a tomar.

—¡Tod! —llamó Jake—. ¡Vamos!

Tod compró la revista.

Tod paga con

Su cambio es

—Me caería bien un refrigerio —dijo Jake.

—A mí también —dijo Tod.

Pararon en la heladería. Jake leyó los sabores. Tod leyó los precios.

—¡Mmmmm! Gumbo de chocolate y plátano —dijo Jake. Se compró un cono.

Tod tiene

—¿$2.25 por un cono? —dijo Tod—. Eso es muy caro.

—No para el Gumbo de chocolate y plátano —dijo Jake—. Prueba esto.

—¡Caramba! —dijo Tod. Se compró uno él también.

El Sabor de Hoy
Gumbo de Chocolate y Plátano
$2.25

Tod paga con
Su cambio es

15

Caminaron comiendo sus conos de helado hasta
llegar a la tienda El Remate de Bob.

—Bob tiene cosas muy buenas —dijo Jake—.
Mira este calendario de las Montañas Rocosas.

—Es del año pasado —dijo Tod—. Apuesto que
las fotos son bonitas, aún así.

—Por eso lo quiero —dijo Jake.

Tod tiene

Entonces se fijaron en las calculadoras. A Tod le gustaban las calculadoras. Espió una calculadora solar con botones musicales. —No se requieren pilas —leyó—. Toca cientos de tonos.

—Qué bien —dijo Jake—. Entremos.

Tod la compró.

Tod tiene

Su cambio es

Tod puso su calculadora nueva a prueba al subir por la escalera mecánica. Hizo un ruido tintineante, como una campanita, y le avisó que aún tenía $7.00 para gastar.

—Oye —dijo Jake—. ¡Una venta en la tienda de Las Gorras Felices!

Tod tiene

¡Reducciones Drásticas en Los Gorros!

¡Precios Bajísimos en Las Gorras de Golf!

¡Los Sombreros Paraguas al 75% de Descuento!

Jake se puso una gorra de paraguas.

—Creo que no —dijo Tod.

Tod espió un quiosco de fotografías

—Hmmm. Cuatro fotos por $3.00 —dijo.

Sacó su calculadora nueva: —Eso significa
que cada foto cuesta 75 centavos. No está mal.

Tod tiene

Tod se tomó dos fotografías él solo.
Entonces Jake entró al quiosco con él, y
se tomaron dos más.

Tod paga con
Su cambio es

Camino a la sala de videojuegos pararon en la tienda Gadgetorium. —Caramba, un contador electrónico de dinero —dijo Tod.

—¡Es perfecto para ti! —dijo Jake—. Y sólo cuesta $9.95.

Tod contó su dinero. —No lo puedo creer —dijo—. Sólo me quedan $4. Como desearía tener suficiente dinero para comprar...

Tod tiene

—¡Tod! ¡Qué gusto me da verte! Era Ada, su vecina. —Mi madre me pidió que le comprara pastillas para la tos, pero no tengo suficiente dinero.

—Sabía que no debíamos haber comprado esos conos de helado —dijo Alison, la amiga de Ada.

—¿Gumbo de chocolate y plátano? —preguntó Jake.

Las chicas asintieron. —Entonces, ¿me puedes prestar $2.00? —preguntó Ada.

—Por supuesto —dijo Tod.

Tod le presta a Ada

—Mañana te pago —prometió Ada—.
¡Muchísimas gracias!

—¡Oye! No hay problema.

Tod tiene

—Vamos a la sala de videojuegos antes de toparnos con alguien más —dijo Jake.

Jugaron un juego tras otro… hasta que todo el dinero de Tod se había terminado.

—Eso fue divertido —dijo Tod—. Y se fue tan rápido. Estoy arruinado.

Sonrió. —¡Espera a que se lo diga a Ernest!

 Tod paga con

—Y bien, ¿lo gastaste todo? —preguntó Ernest cuando Tod llegó a casa.

—Sí —dijo Tod—. Mira todo esto. Hasta le presté $2.00 a Ada.

—¿Qué cosa? ¿Hiciste eso? —dijo Ernest.

—Bueno, es que ella lo necesitaba —dijo
Tod—. ¿Eso quiere decir que pierdo la
apuesta?

—De ninguna manera —dijo Ernest—. El
prestar es tan bueno como el gastar.
Apretó la mano de Tod. —Tú ganas.

—Así que no soy un apretado —dijo Tod.

—Al contrario —dijo Ernest.

Al siguiente día, rumbo a casa de la escuela, Tod regresó al centro comercial.

¿Qué es eso? —preguntó Ernest, mientras que Tod se dirigía hacia arriba.

—Es una máquina para contar dinero —dijo Tod—. Funciona muy rápidamente.

—Espera un segundo —dijo Ernest—.
¿Quieres decir que vas a pasarte aún
más tiempo contando tu dinero?

—No —dijo Tod—. Voy a pasar menos
tiempo contando mi dinero, y más
tiempo divirtiéndome.

¡Y así lo hizo!

GRÁFICA DE USAR DINERO
Ada, Jake y Tod

Me quedan $3.00

Ada compra:

$7.00

Ella paga con:

Su cambio es:
Lleva la cuenta
hasta llegar a $10.00

$7.00→$8.00→
$9.00→$10.00

Me queda $1.25

Jake compra:

$3.75

Él paga con:

Su cambio es:
Lleva la cuenta
hasta llegar a $5.00

$3.75→$4.00→$5.00

Me quedan $.75

Tod compra:

$2.25

Él paga con:

Su cambio es:
Lleva la cuenta
hasta llegar a $3.00

$2.25→$2.50→$3.00